S D'ENCOURAGEMENT

AU TRAVAIL

ET A LA VERTU.

L'HIRONDELLE.

LILLE.
L. LEFORT, IMPRIMEUR-LIBRAIRE.
PARIS.
Ad. Leclère et C.ie, imp. lib. rue Cassette, 29.
Isidore Pesron, libraire, rue Pavée, 13.

L'HIRONDELLE.

Tu vois, déjà il ouvre ses yeux éteints, il agite ses ailes froides et humides.

L'HIRONDELLE.

Deux enfans jouaient ensemble dans une petite maison de campagne située aux environs de Paris.

C'étaient le frère et la sœur, Raoul et Cécile, âgés l'un de neuf ans, l'autre de onze, tous deux frais et suaves, comme le matin d'un beau jour, naïfs et folâtres comme l'innocence, tous deux s'aimant et ne connaissant d'autre bonheur que celui de s'aimer, d'aimer leur mère et d'en être tendrement aimés.

Ils étaient orphelins, les pauvres enfants! ou du moins ils devaient avoir tout lieu de le craindre. Depuis trois ans bientôt, ils n'avaient point entendu parler de leur père! son sort était pour eux l'objet de vives inquiétudes; car il avait été arrêté et emprisonné, dans les troubles de la révolution. En vain sa femme et ses amis avaient-ils couru les prisons et suivi les listes funèbres des condamnés, ils n'avaient pu en avoir aucune nouvelle, et ils ne doutaient plus qu'il n'eût péri.

On était alors au milieu du printemps

de 1796. Madame de Payrac s'était réfugiée, depuis la disparition de son mari, dans l'antique ville de Corbeil, où elle avait loué une maisonnette solitaire, entourée d'un jardin bien clos, sur les bords de la Seine, attendant, au sein du deuil et de l'angoisse, que le ciel voulût enfin lui faire connaître le sort de celui qu'il lui avait donné pour époux. Sa fortune, quoique considérablement réduite par la confiscation des biens de M. de Payrac, était encore assez ronde pour ne lui laisser aucune inquiétude sur l'avenir de ses enfants; mais, dans la crainte d'attirer l'attention et de s'exposer à de nouveaux malheurs, elle n'avait pris avec elle qu'une jeune fille dévouée qui servait à la fois de bonne d'enfant, de femme de chambre et de cuisinière.

Ce jour-là, madame de Payrac, ordinairement triste et rêveuse, avait senti, dès le matin, comme un baume rafraîchissant s'infiltrer dans son âme. Le ciel lui paraissait plus serein et plus beau, quoique des nuages précipités roulassent au-dessus de sa tête leurs flancs gonflés de pluie, et que leurs essaims jaloux s'amoncelassent souvent pour intercepter les rayons du soleil.

Raoul et Cécile, joyeux de la joie de leur mère, se livraient autour d'elle à leurs innocents plaisirs et cherchaient à l'égayer encore par leurs caresses enfantines. Tantôt ils déposaient presque furtivement sur ses joues pâles et amaigries le doux baiser de l'amour filial; tantôt ils glissaient entre ses doigts ou plaçaient sur ses genoux les fleurs les plus jolies et les plus odorantes.

De grosses gouttes d'eau s'échappaient déjà du flanc des nuages. Les jeunes Payrac n'en continuaient pas moins leurs jeux au fond du jardin, et la mère, toujours en trève avec sa mélancolie, ne s'apercevait que de l'heureux changement survenu dans son cœur.

Tout à coup, la pluie tombe à torrents et avec fracas. Cécile èt Raoul se rapprochent de leur mère, en mêlant au bruit strident de la pluie des cris de joyeuse détresse; tous trois se tenant sous les bras et se pressant les uns contre les autres pour se préserver de l'ondée, se mettent à courir, tête baissée, vers la maison.

« Une hirondelle abattue! » s'écria Raoul, au milieu du jardin, en se détachant précipitamment du bras de sa mère, qui l'entendit à peine et continua de s'enfuir avec Cécile.

« Pauvrette, dit Raoul qui venait de recueillir l'oiseau voyageur, ainsi que nous l'orage t'a surprise à te divertir sans doute, ou à poursuivre les mouches près de terre, pour alimenter tes petits; mais tes ailes légères n'ont pas eu la force de résister au torrent; avec lui tu es tombée plaintive sur le sol où une mer sans rivage s'était déjà formée autour de toi, tandis que la pluie cruelle te frappait de ses flots aigus; sans moi, n'allais-tu pas mourir!

» Comme elle est flétrie et qu'elle paraît souffrante cette tête d'ordinaire si vive et si coquette! comme elles sont tombantes, immobiles et lacérées ces ailes qui se déployaient avec tant de grâces! Va, nous les réchaufferons tes ailes agiles; nous l'animerons cette tête mignonne; nous ferons encore briller ces yeux qui me regardent avec tant de langueur; nous t'entendrons encore gazouiller ton joli chant, quand tu voltigeras autour de nous dans les airs. »

En tenant ce discours à la pauvre hirondelle, Raoul avait rejoint sa mère et sa sœur qui l'attendaient avec impatience sur le seuil de la porte.

« Cécile, dit-il en les abordant, tu m'aideras à rappeler à la vie ce gentil oiseau. Allons, ma sœur, allume un bon feu de feuillage, et que la chaleur bienfaisante sèche ses plumes humides, ranime ses membres engourdis, réveille son cœur glacé. Tu vois, déjà il ouvre ses yeux éteints, il agite ses ailes froides et tremblantes. Dépêche-toi, chère sœur; bien! la flamme commence à pétiller. Prends l'hirondelle dans tes mains délicates, et approche-la doucement du feu que je vais entretenir. Quand elle sera bien réchauffée, bien remise, nous irons sur la terrasse essayer son vol; et si elle prend son essor dans la plaine éthérée, comme dit notre maître de français, quelle joie ce sera pour nous de lui avoir rendu la vie, la liberté! Tiens, Cécile, je crois que cette action nous portera bonheur. Qu'en pensez-vous, tendre mère.

MADAME DE PAYRAC.

Je suis charmée de trouver le cœur de mes enfants si sensible et si généreux : c'est un heureux augure pour l'avenir, et je l'accepte avec joie.

Peut-être cette hirondelle a-t-elle son nid et ses petits ici près, qui attendent son retour dans l'angoisse!.... comme j'ai si longtemps attendu celui de votre père! mais lui, hélas! il est trop tard, il ne reviendra plus.... Cependant j'espérais encore avant l'orage; il me semblait le voir nous souriant de loin et nous fesant signe qu'il n'était pas perdu pour nous.

CÉCILE

(*Tenant et réchauffant l'hirondelle.*)

Et pourquoi ne plus espérer, ma mère? mon cœur m'a toujours dit que notre père serait un jour rendu à notre tendresse; les temps sont rudes encore, et néanmoins il me semble que le moment approche.

RAOUL

(*Prenant l'hirondelle des mains de sa sœur.*)

Peut-être, tendre mère, notre papa

est-il aussi inquiet que nous; car je ne puis me persuader qu'il soit mort, et, quand je prie pour lui, sa voix semble me répondre et m'encourager. Qui sait s'il n'a pas vainement cherché à nous donner de ses nouvelles, et à se procurer des nôtres?

MADAME DE PAYRAC.

En effet, s'il vit encore, comment découvrirait-il cet asile où nous avons été obligés de nous ensevelir sous un faux nom, pour sauver ma tête et le reste de votre fortune.

Comment ses lettres pourraient-elles nous y parvenir? tous nos amis et nos serviteurs ont péri ou sont en fuite : nous seuls avons pu échapper au désastre général.

CÉCILE.

Espérons donc, ma mère. — Mais voici notre hirondelle qui relève sa jolie petite tête, et qui regarde à travers les vitres les rayons renaissants du soleil.

RAOUL.

Oui, je crois qu'elle ne serait pas fâchée d'aller saluer son retour; ses plumes sont sèches et luisantes, et je sens ses ailes fatiguées de leur prison, qui cherchent à se déployer sous mes doigts.

CÉCILE.

Donne-la-moi, mon frère, c'est de mes mains qu'elle recevra la liberté.

La jeune fille n'avait pas parlé, que l'oiseau avait pris son vol. Ne devinant pas sans doute les intentions libérales de ses bienfaiteurs, il avait profité du moment où ils se le passaient d'une main à l'autre, pour s'échapper furtivement, et après un ou deux tours dans la salle, il s'était lancé dans les airs par la porte du jardin.

Cécile et Raoul n'eurent que le temps d'arriver sur la terrasse pour entendre son chant joyeux et le voir disparaître au milieu de ses compagnons ailés.

Cécile voulut visiter la place où son frère avait trouvé l'hirondelle se débattant sous la pluie meurtrière. Ils y coururent tous les deux. Quelle fut leur surprise en apercevant sur la terre un petit papier roulé comme une devise et attaché d'un ruban vert à demi déteint!

Ils s'empressèrent de le porter à leur mère; et, comme il était encore mouillé, celle-ci le mit sécher au soleil pour éviter de le déchirer en l'ouvrant; ensuite elle invita Cécile à le développer avec soin.

« C'est un billet, dit la jeune fille.

— Apporté par une hirondelle, repartit Raoul, il doit venir de loin et n'être pas mal curieux.

— Lisez-le, ma fille, reprit madame de Payrac, c'est peut-être un infortuné, comme nous, qui a confié quelque secret message à l'oiseau voyageur. »

Madame de Payrac ne croyait pas si bien deviner, Cécile lut :

« Plus heureuse que le proscrit,
» peut-être, hirondelle légère, tu res-
» pireras bientôt l'air envié de cette
» France que j'aime...., où j'ai laissé
» tout mon bonheur! si tu vas visiter

» ma patrie, dis-lui que mon cœur n'a » point cessé de battre pour elle et » que, si mon corps est enchaîné à » Séville, mon âme tout entière ha- » bite les bords chéris de la Seine. »

« Votre père, mes chers enfants, dit M.me de Payrac, en s'emparant du papier, votre père ne tiendrait pas un autre langage; mais, cette écriture! elle me semble la sienne!... Oui! nul doute. Le billet est signé *D. P. De Payrac*. Il vit, mes chers enfants; il vit!.... O fidèle messagère, hirondelle bénie! O aimable Providence! comme tu te plais à récompenser généreusement le bien fait à tes plus faibles créatures! A genoux, mes enfants, remercions le Seigneur, et prions-le d'achever l'œuvre merveilleux de sa miséricorde.

» Ah! il vit!.... reprit M.me de Payrac, après avoir terminé sa prière.

Il est en Espagne, à Séville. J'irai, je le rejoindrai, je vous conduirai dans ses bras, vous ses enfants tant aimés! nous lui ferons oublier tous ses malheurs, toutes ses peines, toutes ses privations, car il doit être pauvre, bien pauvre!... Mon espoir n'était donc pas une vaine illusion; ni tes espérances, Cécile, ni la voix qui te parlait au cœur dans tes prières, ô Raoul! mais qu'il me tarde de le voir, de l'embrasser! Je veux partir dès demain, dès aujourd'hui. Mon Dieu! mon Dieu! protégez-nous encore, et vous, sainte Mère de douleur, consolatrice des affligés, veillez sur la famille du proscrit.

Les préparatifs du départ furent bien longs, au gré de l'épouse impatiente: la régularisation des passeports à l'étranger, exigeant des formalités minutieuses dans ces temps difficiles, entraînait des lenteurs inévitables. Heureusement monsieur le maire de Corbeil, homme probe et obligeant, que M.me de Payrac avait eu le bon esprit de mettre dans la confidence de sa pénible position, porta l'intérêt envers cette famille injustement persécutée, jusqu'à se charger lui-même de toutes les démarches nécessaires pour lui assurer, de Paris aux Pyrénées, la protection de la loi et des autorités. Le passeport fut motivé *pour cause de santé* et délivré au nom de M.me de Payrac, de ses deux enfants et de sa bonne; c'était le nom, anagramme du sien, sous lequel M.me de Payrac s'était fait connaître, en s'installant dans le pays.

Pendant le temps des préparatifs, Raoul et sa sœur occupèrent presque toutes leurs récréations à suivre dans le jardin le vol rapide des hirondelles, et souvent ils quittaient leurs livres pour venir les considérer furtivement à la fenêtre de leur chambre de travail. Ils auraient vivement désiré de revoir, de reconnaître celle que Raoul avait sauvée du naufrage, l'hirondelle infortunée qui, sans lui, allait si tristement périr, la chère hirondelle qui, pour prix de ce bienfait inattendu, leur avait apporté de si loin des nouvelles, plus inespérées encore de leur père exilé. Mais toutes portaient les mêmes couleurs de deuil; toutes elles avaient le même plumage bleu noir, orné d'un joli béguin blanc, toutes avaient les mêmes ailes longues et agiles, la même tête horizontalement aplatie, le même bec court et triangulaire, le même gazouillement demi-plaintif et demi-joyeux; toutes faisaient les mêmes évolutions, les mêmes circuits, les mêmes parades aériennes. Il était donc difficile à nos jeunes amis de distinguer leur hirondelle parmi les autres. Cependant ils s'écriaient quelquefois.

— Raoul, la voici.

— Cécile, la voilà.

— Je la reconnais, disait l'un, à ses petits yeux, si mignons et si tendres.

— Et moi, disait l'autre, à ses ailes encore fatiguées et peut-être malades.

— Vois, ma sœur, comme elle nous regarde.

— Vois, mon frère, elle peut à peine se soutenir dans les airs.

— Je crois qu'elle vient vers nous, est-elle gentille! petite, petite, c'est bien toi, n'est-ce pas?

— Mais non, mon frère, ce n'est pas

celle-ci ; tiens, elle est à présent là-bas, là-bas.

— Je te dis que c'est elle. Petite, petite, petite.

— Je te dis que non.

— Je te dis que si.

RAOUL.

Allons, ne te fâche point, ma bonne Cécile, et embrasse-moi ; mais nous avons eu tort de ne pas attacher un ruban à la patte de notre hirondelle ; nous l'aurions toujours reconnue parmi toutes ses compagnes, et quel plaisir, quel bonheur pour nous de la voir voltiger au-dessus de nos têtes, nous divertir de ses ébats, et nous saluer de ses chants ; car elle est reconnaissante, j'en suis sûr, et c'est peut-être elle qui tourne en ce moment autour de nous.

CÉCILE.

C'est peut-être elle qui vient tous les matins m'éveiller, en chantant sur ma fenêtre.

RAOUL.

Qui sait, chère Cécile, si ce n'est point celle-ci même qui a son nid et ses petits dans l'angle de l'entablement de la maison ?

CÉCILE.

Oh ! mon cher Raoul, je pense à une chose ; nous la verrons, nous la caresserons encore notre charmante hirondelle.

RAOUL.

Et comment ?

CÉCILE.

En Espagne, mon bon ami; en Espagne où nous allons, et où elle arrivera peut-être avant nous. Papa doit la connaître, ils se connaissent assurément; oh! quel bonheur! et qu'il me tarde de partir!

RAOUL.

Tu as des pensées lumineuses, et je suis de ton avis. Hirondelle, ma mie, nous nous retrouverons sous un autre ciel, et nous renouvellerons amitié. Adieu, adieu.

CÉCILE.

Au revoir, gentille hirondelle!!

Enfin, tout fut en règle, et l'on prit

la route des Pyrénées, à la grande satisfaction de la mère et à la grande joie des enfants qui avaient eux, à retrouver, à revoir leur père et leur hirondelle.

Chaque fois qu'ils apercevaient un de ces oiseaux, c'était elle, s'imaginaient-ils, qui suivait leur voiture, ou qui les précédait dans la belle Andalousie. Heureuse simplicité du jeune âge qui rencontre partout ce qu'il désire, ce qu'il aime!

Le voyage fut long, comme on le pense. Nous, dont l'âme spirituelle a le pouvoir magique de se transporter en un instant, et comme par un coup de baguette enchantée, dans les lieux les plus reculés et de l'accès le plus difficile, nous profiterons de cette merveilleuse faculté pour atteindre sans plus de retard à la frontière, traverser les fleuves, escalader les montagnes, et nous trouver à Séville avant nos voyageurs, nous leur donnerons tout le temps d'y arriver.

Nous avons vu, au commencement de ce récit, que M. de Payrac avait été incarcéré sous le régime de la terreur.

D'une prison à l'autre, il avait été transféré à l'abbaye Saint-Germain, et il s'y trouvait lors des horribles massacres qui ensanglantèrent les prisons de Paris, les 2, 3 et 4 septembre 1792. Il resta sans pouvoir se procurer aucune nouvelle de sa famille, et sans rien savoir de ce qui se passait dans la capitale jusqu'à la fatale journée du 2. Le geôlier vint dans l'après-midi à la porte de la chambre où étaient entassés avec lui vingt-sept autres malheureux, presque tous prêtres, moines, ou officiers; parmi eux était le vénérable abbé Sicard, l'instituteur et le père des sourds-muets.

« Quel est donc ce bruit lugubre qu'on entend dans les cours, demanda M. de Payrac? c'est un massacre, je crois.

— On tue les scélérats, répondit le geôlier. »

Alors ces infortunés captifs, qu'on avait laissés sans vivres plus de quarante heures avant le massacre, ne songèrent plus qu'à se préparer à la mort. Tous se confessèrent avec la foi la plus vive : ils étaient si près d'entrer en compte avec Dieu!....

Cependant quelques jeunes officiers pleuraient amèrement, regrettant de mourir déjà..... Un vénérable capucin qui méditait dans un coin de la chambre sur les vérités éternelles, la tête enfoncée dans le col de sa lévite, voyant leur découragement se leva et leur dit :

« Messieurs, ne regrettez pas l'occasion qui se présente pour vous de combattre en héros chrétiens, et de recevoir la palme glorieuse du martyre. Souffrez patiemment, et le ciel vous est ouvert. »

Ces paroles prononcées d'un ton solennel et à l'heure suprême, firent une vive sensation sur les jeunes militaires. Ils s'embrassèrent et attendirent en silence le moment fatal. Le père de Raoul et de Cécile partagea leurs pieux transports, et, si ce n'eût été le souvenir, le regret de sa femme et de ses enfants chéris, il eût déjà voulu prendre son essor vers les cieux.

Enfin vers minuit, on entend le bruit de voix et de pas qui s'avancent, les portes s'ouvrent, et chacun s'élance pour passer le premier. On arrive dans une cour, théâtre du massacre !

L'abbé Sicard va recevoir le coup de la mort. Le brave horloger Monnot perce la foule des assassins dont le fer est déjà levé sur cette tête vénérable. « Non, s'écrie-t-il, en lui faisant un rempart de son corps, vous n'immolerez point le père des sourds-muets ; il faudra me frapper et me tuer avant lui. » Il se jette en suppliant à leurs pieds, et cet honnête citoyen a la consolation de sauver un des bienfaiteurs de l'humanité souffrante ; l'abbé Sicard lui est rendu, et il l'emmène aux applaudissements de la foule barbare.

Cependant les exécutions continuaient rapidement, et bientôt le tour de M. de Payrac arriva ; il était environ deux heures après minuit.

Avant de passer par le guichet fatal, chaque victime devait déposer son portefeuille sur une table et son habit sur une autre ; mais le père de Raoul et de Cécile, voulant récompenser celui qui allait faire de lui un martyr, tire son portefeuille et l'offrit à tous les assassins à la ronde, en disant : « Quel est celui qui doit m'exécuter? je veux lui donner mon portefeuille qui vaut encore quelque chose. Toute peine mérite salaire. »

Pas un n'avance la main ; tant de fermeté les étonna ; ils reculèrent stupéfaits de ne point retrouver dans leur cœur leur première férocité et de sentir tomber leurs bras accoutumés au massacre.

« Il faut le sauver ! » s'écrie l'un d'entr'eux. Alors deux de ces hommes le firent passer par une porte qui ouvrait sur une petite rue, dans le haut de laquelle on traînait les cadavres qu'on entassait les uns sur les autres. Escorté de ses libérateurs, il traverse deux haies de surveillants qui tenaient, d'une main une torche allumée, et de l'autre un sabre pour exterminer quiconque échapperait au massacre.

Il marche dans un ruisseau de sang. Alors son courage, jusqu'ici à toute épreuve, se trouve ébranlé pour la première fois, ses jambes chancellent; la pensée de sa femme et de ses enfants, l'espoir de leur être rendu, peuvent seuls le soutenir. Un de ses libérateurs l'emmène dans sa chambre, lui sert un bouillon, et le fait coucher dans le même lit auprès de lui. Il resta quelques jours dans cet asile, plus inquiet du sort de sa famille que de sa propre destinée; mais en vain chercha-t-il à se procurer de ses nouvelles; en vain son hôte devenu son ami mit-il en action tous les moyens pour la découvrir, elle avait disparu. Tout ce qu'il put apprendre, c'est qu'un fidèle domestique, resté sans doute à dessein dans la maison, après le départ de sa femme et de ses enfants, en avait été enlevé par la force publique, sans qu'on pût savoir ce qu'il était devenu.

Il lui fallut donc se résigner et se décider à quitter la France, où il n'y avait plus de sûreté pour lui. Son hôte parvint, grâce à ses connaissances, à lui obtenir un passeport pour l'Espagne où il arriva sain et sauf.

Après avoir parcouru diverses provinces, visité plusieurs villes, et renouvelé, aussi infructueusement que par le passé, tous ses efforts pour connaître la position et la résidence de sa famille, il s'était enfin décidé à fixer son séjour à Séville, en attendant des jours meilleurs.

Là était un pontife selon le cœur de

Dieu. Sa généreuse charité avait transformé son palais en un vaste asile ouvert à tous les Français exilés de leur patrie ; prêtres et laïques y trouvaient également le pain de l'hospitalité.

M. de Payrac, quoiqu'il eût apporté des valeurs considérables dans le portefeuille que lui avaient laissé les assassins de l'abbaye, ne voulut point vivre autrement que ses compatriotes malheureux, et il partagea leur sort en mettant en commun tout ce que l'état de ses finances lui eût permis de dépenser pour lui seul.

Le ciel le récompensa de cette abnégation et bénit sa compassion.

Il faut peu de chose pour amuser le captif ou l'exilé : l'objet le plus indifférent, l'être le plus faible et le plus dédaigné dans la prospérité, charme ses loisirs et devient cher à son cœur. L'illustre Pelisson ne se plut-il point dans la société d'une araignée apprivoisée à force de patience, et qui s'empressait d'accourir à sa voix bien connue? Ah! c'est surtout quand ces êtres consolateurs rappellent à l'exilé le souvenir sacré de la famille et de la patrie, que son âme vide et souffrante l'attache à eux plus fortement, les chérit avec plus de tendresse.

Hirondelle voyageuse, libre pélerine des airs, que de pauvres bannis se sont consolés en te racontant leurs tourments; ou te confiant, à ton départ, leurs messages secrets, et en te demandant à ton retour des nouvelles de ce qu'ils aimaient?

Tel était à Placentia le père inquiet, impatient, malheureux, de Raoul et de Cécile.

Une hirondelle, fidèle à visiter la fenêtre de sa chambre, avait attiré son attention, son amitié; il se plaisait à lui prendre des mouches sur sa croisée, et l'oiseau reconnaissant venait presque les béqueter entre ses doigts. Il eut l'idée de lui attacher un petit billet au cou, dans le très-vague espoir qu'il remplirait peut-être la mission dont il le chargeait, et qu'il s'en irait sur les bords de la Seine trouver sa femme et ses enfants.

L'hirondelle revint triste une première fois, et fut toujours exacte à visiter son ami.

C'était la seconde année qu'il avait recours à ses ailes légères, le second message qu'il lui remettait à porter en France, à travers les airs, lorsque l'hirondelle revint encore; mais soit réalité, soit illusion de l'espérance, elle parut joyeuse cette fois, tant est-il qu'elle gazouilla, gazouilla, gazouilla de manière à réjouir le cœur le plus mélancolique.

« M. de Payrac! M. de Payrac! crièrent plusieurs voix tumultueuses dans la cour, votre femme! vos enfants! »

Et déjà il était dans leurs bras.

Je laisse à deviner tous les ravissements, tous les épanchements de l'amour paternel et conjugal.

« Chère épouse, chers enfants, vous avez donc vu mon hirondelle? elle vous a remis mon message!

Que la Providence est ingénieuse et bonne!..... »

L'histoire de l'hirondelle naufragée fut racontée par Raoul. « Elle vous a précédés ici de quelques minutes, dit

M. de Payrac et, tenez, la voyez-vous? Elle vient chercher sa récompense.

» Prends-lui des mouches, Raoul, elle en est très-friande, elle viendra les manger jusque dans ta main. »

Raoul émerveillé ne se fit pas répéter cette invitation, dont sa sœur voulut partager les honneurs et le plaisir avec lui, et pendant tout le temps qu'ils restèrent à Placentia, leur plus douce récréation fut d'apprivoiser la fidèle messagère.

FIN.

Lille, Imp. de L. Lefort. 1840.

Collection de Livrets d'encouragement au travail et à la vertu.

---

30 LIVRETS IN-18, DONT 15 AVEC VIGNETTE.

Les † indiquent les Livrets avec vignette.

Prix : 2 fr. 60 c.

Le vrai moyen d'être heureux.
Le seul remède aux désordres de la société.
1.re Communion d'Edouard.
M. Valbert.
La Religion, protectrice du pauvre.
Prosper.
Les deux Frères.
Danger des mauvaises lectures.
La sanctification du dimanche.
Les deux Soldats.
Le secours inattendu.
M. de St. Aubin.
Les Vœux changés d'objets.
Pourquoi des riches? pourquoi des pauvres?
Saint Louis de Gonzague.

† Le petit Paul.
† L'Enfant dans les bois.
† Albert et Léonard.
† L'Orpheline.
† Les véritables Défenseurs du peuple.
† L'Hirondelle.
† L'honnête Homme.
† Notre-Dame de Bon-Secours.
† Emile et Edouard.
† Le Chien dans la Seine.
† Thomas Morus.
† La Mère Blanc-d'œuf.
† Ayez pitié du pauvre.
† Michelette ou l'Ange de la prison.
† Julien, le jardinier.

Cette collection est destinée à servir de Livrets de lecture et de récompense aux enfants qui fréquentent les écoles et les catéchismes.

Une histoire courte, intéressante, mise à la portée de leur âge, les amuse, les attache, et laisse dans leur jeune cœur de bons germes, que l'avenir doit développer. Les petits Livrets que nous annonçons rendent, par leur bas prix, cet avantage fort facile à obtenir.

Chaque Livret se vend séparément à tel nombre qu'on désirera. Ceux qui ont vignette et couverture. 10 fr. le cent.
Les autres. . . . . 8 fr. —

On peut s'adresser à tous les Libraires où se trouve la Bibliothèque catholique de Lille.

www.ingramcontent.com/pod-product-compliance
Lightning Source LLC
LaVergne TN
LVHW021637170726
843501LV00007B/2268

* 9 7 8 2 3 2 9 6 5 3 1 5 0 *